笑う税金

過笑申告は不要

本郷尚

TACT Consulting

はじめに

本のタイトルを「笑う税金」とした瞬間に、何でもありで書き始めました。
思うがままに、自由に、好きなように次から次へ、事象や現象が浮んできました。
思わず飛び出した、お客様の本音の発言が思い起こされました。
仮想、空想、織り混ぜて、人間ドラマを書きました。

人は右脳や左脳だけで判断して、生きているわけではありません。
本能にさいなまされ、迷って生きています。
いつも一生、我が敵は本能にあります。男女、年齢、身分とは無関係です。
税金、相続の修羅場に立つと、よくわかります。

ズバリ一言で、短文、単文で書きました。クッスリとこっそりと笑ってください。
ビジュアルに楽しんでもらうために漫画、イラストを取り入れました。
税金というタイトルになっていますが、節税のお役に立つことは何一つありません。
経済効果はゼロ、軽罪効果だけです。
皆様の日頃の税金のストレス、解消の一助になれば幸いです。

本郷 尚

1

税は続くよどこまでも

蚊の泣く声

税務署の前で、蚊が集まって相談しています。

「税務署では〝血〟税を取るということだよ。

きっと血の気のある人間がたくさんいるに違いない」

「ようし、俺が行ってたくさん吸ってきてやろう」

しばらくすると、しょんぼりとした姿で戻ってきました。

「おい、どうしたんだ」

「奴ら、血も涙もなかったよ」

美人税

美しい女性は何かと得なもの。
このたび、美人には税金を負担してもらう「美人税」が創設されました。
「あら私どうしましょう、困った大変！」と言いながら、
多くの女性が自主申告しました。
なかには、勘違いでは？　という人もいましたが、
税務署は、「仮装、過大、虚偽」申告を容認することにしました。
年齢も不要。高齢化社会に対応しました。

グッドアイディア

税務署の調査官はとても優秀です。

脱税の手口なんて、すぐにバレてしまいます。

調査官「お前の脱税の手口は、これこれこの通りで間違いはないな！」

「いいえ、違います。でも、その手はグッドアイディアです。ありがとうございました！」

白状します

調査官が疑わしそうな表情で
「怪しいですね。臭いですね。この辺が匂います」

「やっぱり、ばれてしまいましたか？」

「そろそろ、白状してください！ネタは上がっていますから」

「スミマセン、ご迷惑かけました。つい誘惑に勝てず、魔がさして手を出してしましました。昨夜変なものを食べてしまい、胃の調子が悪くオナラばかり出てしまって……。いま換気扇のスイッチを入れます」

領収証

調 査 員「この１００万円の領収証に見覚えありますか？」
ノガレ氏「もちろん、ありますよ」
調 査 員「本当にお金を払ったのですか？」
ノガレ氏「当然ですよ。お金を払って
　領収証を受け取りました」
調 査 員「何を買いましたか？」
ノガレ氏「ですから、お金を払って
　領収証を買ったと
　言ったでしょう！」

フヨウ家族

税務署に、ひとりの男性が。

奥さまが病気で、代理で奥さまのアパートの申告をしにきたとのこと。

「ご主人はこの1年間所得が無いようなので、扶養家族ですね」

すると男性は顔を真っ赤にして怒り始め、

「俺は40年間真面目に働いてきたんだぞ！不要とはなんだ、不要とは！」

プリプリしながら帰ってしまいました。

ご主人、最近定年退職していました。

おっしゃる通り

相続税の調査が入りました。

「奥さん名義の預金は、ご主人の預金と認定します」

「いや、それは私のヘソクリです。私の預金です」

「みなさんそうおっしゃいます」

「そうでしょう！　皆さんがそう言うのですから間違いありません！」

遭難者

山で遭難して救助された男が言いました。

「3日間、必ず私を見つけてくれると信じていました」

「信じてよかったですね」

「私には税金の未払いが100万円ありました。

税の徴収官が必ず追って来てくれると、
信じていました」

無料相談

節約家が無料相談に来ました。なんとか節税したいと願っています。
税理士「一般論はここまでです」
倹約家「うーん、その相続税1億円、なんとかならないのかな……」
税理士「ここからの相談は有料になりますが」
倹約家「分かった！もったいないからやめておく！」

最期のお願い

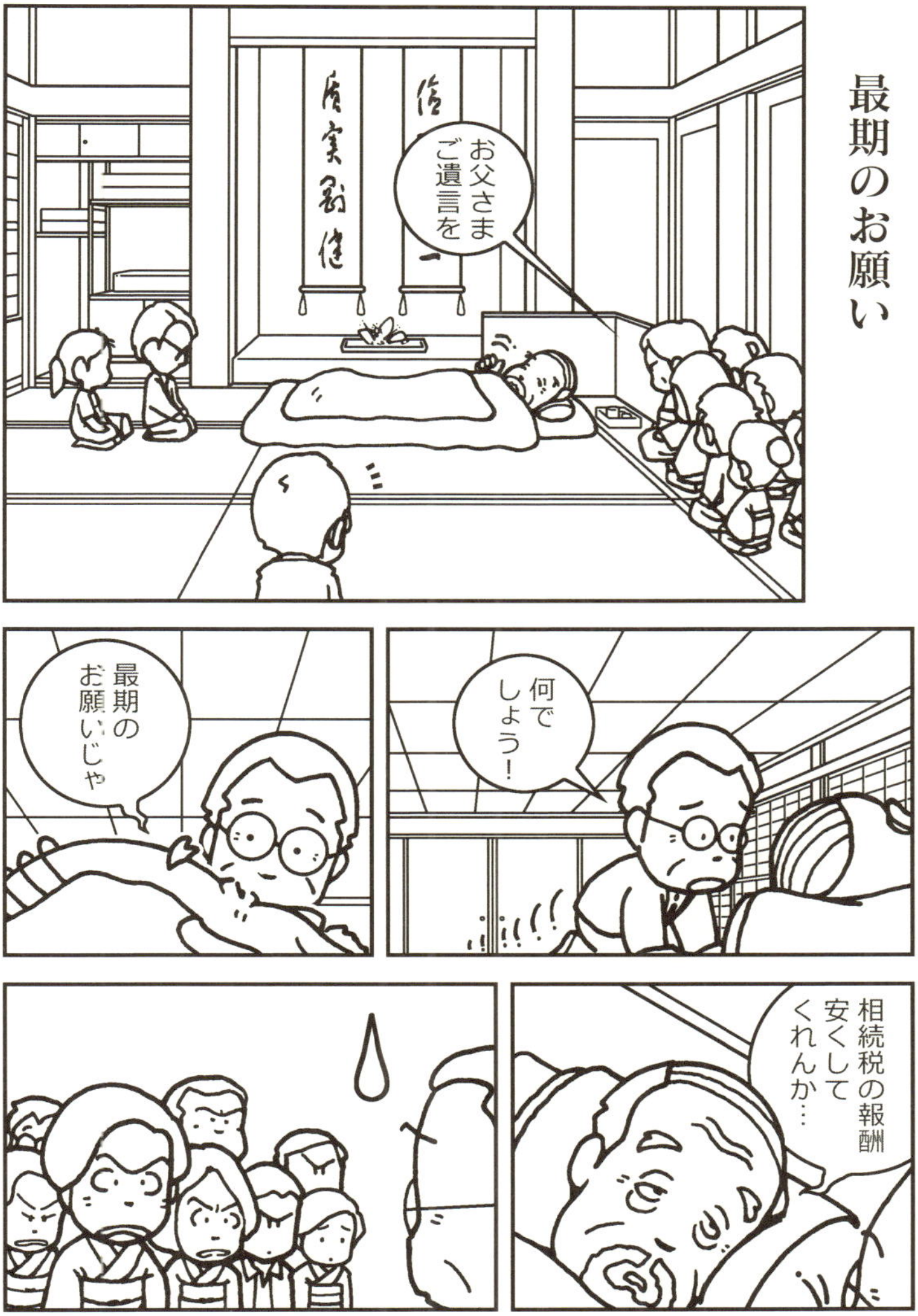

ビジネスモデル

ある日、子どもが尋ねました。

「お父さんとお母さんは税金を払っているの？」

「もちろん。給料から引かれて、会社が払っているよ。

お母さんの買い物の消費税だって、お店が預かって、払っているんだ」

「会社もお店も税務署の下請けをしているのか。手数料は？」

「ゼロだよ」

「エッ！　集金させて、仕事させて、手数料ゼロ、
すごいビジネスモデルだ！」

親権はどちら

離婚の話し合いで慰謝料が決まりました。慰謝料は無税です。

子どもの親権は、父親にと提案されました。

元奥さまは絶対反対です。

理由は言えません。心の中で叫びました。

「だって親でもない人が親になるなんて！」

2

ショート・笑と
～言われたとおり～

訓練の成果

町に火事が発生。消防団と住民が一団となって消火しましたが、なぜか1か所だけ丸焼けでした。

「どこだ?」

「税務署です」

「日頃の訓練の成果だな」

国民の支持

税務職員の過重労働について、労働時間短縮の声が。国民の支持も高まり、やがて「ストライキ権の確立も認めるべき」との声も出てきました。

国民は税務職員を応援しています。

何もしていません

「何もしていなければ、税務署も文句は言いませんよね？」

「そうです。あまり深刻に考えないでください」

「良かった！　今まで一度も申告していません」

ライバル

新商品が当たり、圧倒的なシェアで独走している経営者にインタビュー。

「追いかけてくるライバル企業は見当たりませんね」

「いや、虎視眈々とぴったり附いてくるやつがいる」

「誰ですか？」

「税務署だよ」

言われたとおり

「社長、税務署から電話です」

「税務署？　社長はいないと答えておいてくれ！」

「モシモシお待たせしました。〝社長は、いないと答えておいてくれ〟との返事でした。ハイ」

親切な運転手

バスに揺られていると、アナウンスが。

「次は税務署前です。皆さま、油断と財布のひもの引き締めを、お忘れないようにしてください。

お客さまの無事と安全をお祈りいたします」

もう一人います

「相続人は?」

「母と子ども2人だけです」

「いや、もうひとりいます」

「え?」

「税務署です」

物納申請

地主さん、相続税の物納申請をしましたが、断られました。

「土地ではダメですか。ブツはノーですか?」

「そうではありませんが、この土地は形が悪く未整備で、一部崩れています」

「ブスはノーですか」

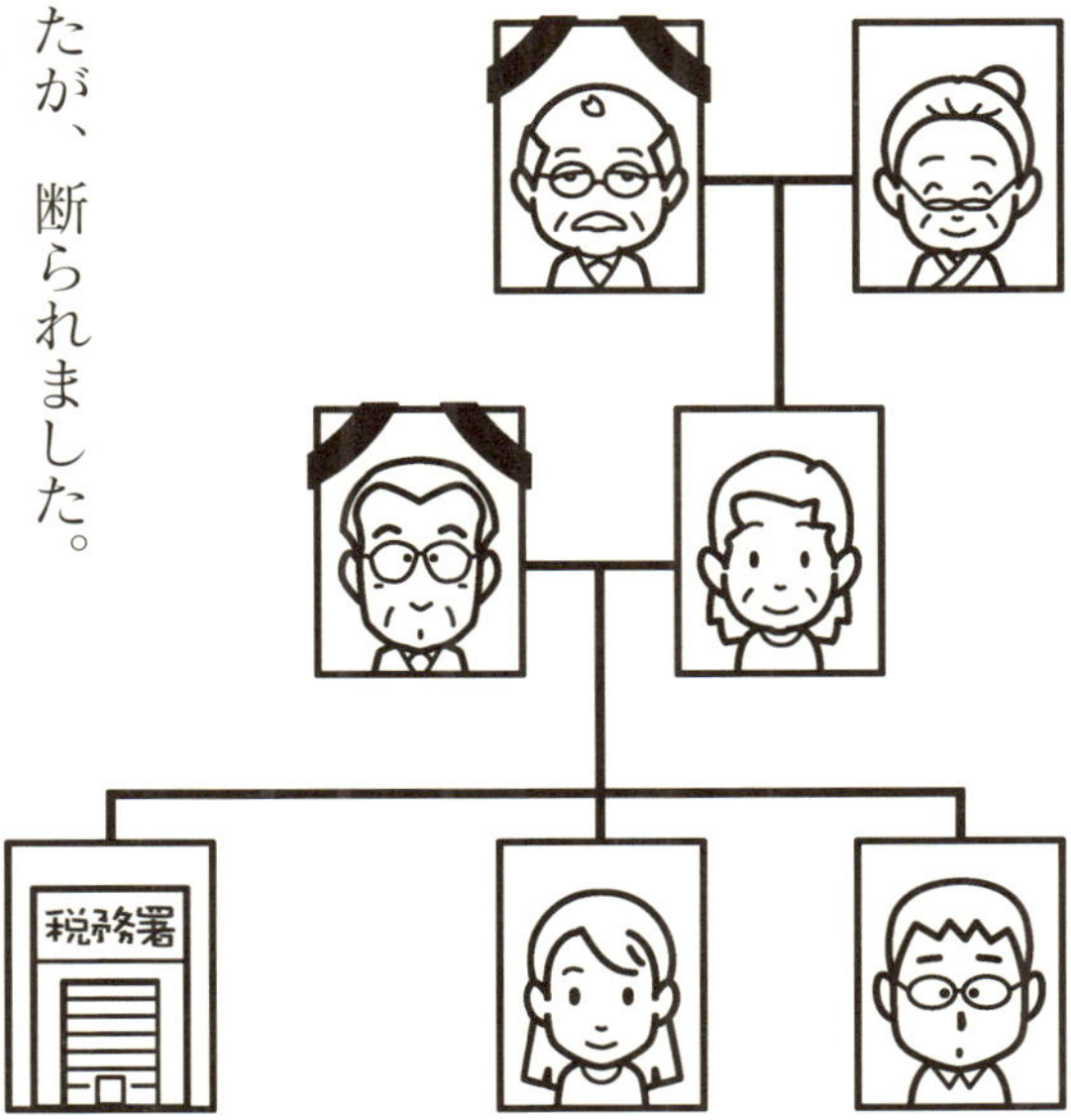

増税を喜ぶ人

消費税も所得税も相続税も増税になるなんて！

国民はみんな怒っているぞ！……

あなたはニコニコしていますが、誰ですか？

「はい、税理士です」

おかしな話

「この税務処理おかしいですよ！」
「おかしくないでしょう？　そんな怖い顔をして、
本当はおかしいなんて思っていないでしょう。
顔が笑っていないもの。正直に答えなさいよ！」

相談料

税務相談料10万円と聞いてびっくり。

慌てて弁護士に相談したネギリ氏。

「それは法外だ。私に任せなさい」

後日、弁護士から連絡が。

「ご安心ください。料金は8万円になりました」

そして相談料5万円の請求書が届いた。

隠し金　川柳

では私から
領収書 集めて増やす 隠し金
隠し金 貯めて増やして 亡くなった
隠し金 家族争い 不幸金
隠し金 たっぷり貯めて 課徴金
終わりましたか?
はい…

黒字と赤字

黒字になると、税金を納めなければなりません。
赤字になると、税金は納める必要はありません。
それなら、税金を納めますので、黒字にしてください。
本末転倒。

利益を考える

経営者は、
決算前には「いかに利益を出すか」を考える。
税金の申告前には「いかに利益を減らすか」を考える。

嘘

「脱税して、申し訳ありませんでした」

「今後は真面目に申告してください」

「はい！わかりました。私は嘘をつきません」

「あら？もう嘘をついてしまいましたね！」

新しいメニュー

レストランにて。価格表を見て、お客が一言
「ウーン、別途消費税が、気に入らないなぁ」
新価格表が出てきた。税込み1割高でした。

電話急げ

「社長！国税局から先ほど電話がありました」

「なに！税務調査か？それとも査察か！」

「いえ違います。電話番号を間違えただけでした」

「馬鹿！それを先に言え！」

3

ショート・笑と
～ところ変われば～

税法の本音

ホンネ教授の税法の講義。
第1条 所得税は父が支払う
第2条 消費税は母が支払う
第3条 相続税は子が支払う
第4条 贈与税は孫が支払う

税法の研究

ボケタ大学の経営学の研究では、税金については教えません。
税法はカリキュラムに入っていないから?違います。
先生が利益を出して、税金を払ったことがないからです。

あわてんぼう

赤字になると税金が戻ってくると聞いて、
税務署に飛び込んだ、あわてんぼうの奥様。

「我が家は毎月赤字で、火の車です！」

それを聞いた、冷静な窓口職員、

「ここは税務署です。消防署は隣ですよ！」

ミステリー

デパートの大バーゲンセール。
宝石売り場に女性が殺到。館内放送で
「税務署のヤリテ様、いらっしゃいましたら……」
宝石売り場から、お客さまが一斉に消えました。

オーナーは誰？

地主でもオーナーでもないのに、地代も家賃もとる自動集金システム
〝固定資産税〟で、市役所は台所を賄っている。
相続のときは、名義書き換えで相続税。
国民は全員、借地人、借家人です。

結婚詐欺師

結婚詐欺で捕まった男。
「生まれ変わって、出直します」と宣言して出所したものの、
すぐ再逮捕されました。
戸籍謄本偽造の罪でした。

行く先はどちら？

霊柩車が交通事故を起こしてしまいました。

駆けつけたパトカーの警察官が聞きました。

「行く先はどちらですか？」

「仏様は、もちろん天国ですよ！」

次のニュース

ニュース番組でキャスターが
「新しいニュースを、
役人がまた汚職をしました」
「失礼しました」
「いつものことで、次のニュースです」

ところ変われば

隠蔽、虚偽、無申告、重加算税
「知りません、資料はありません、破棄しました」
税務調査なら×
なのに、国会答弁なら◯
そうですよね、国税庁長官！

子ども料金

5歳の天才少年がヒット商品を出して、莫大な利益を生み出しました。

すると半年後、税務署から「納税のお知らせ」が。

「僕は映画もタダだし、電車もタダなのに、税金はタダじゃないの？」

落語家の申告書　その1

「あなた、お仕事は？」

「落語家です」

「所得の数字だけ、赤で書いてもダメですよ」

「赤字なら、税金がとられないと聞いたので」

落語家の申告書　その2

「あなた、お仕事は？」

「落語家です」

「名前が隅に書いてあるのは？」

「いつも恥をかいているもんで！」

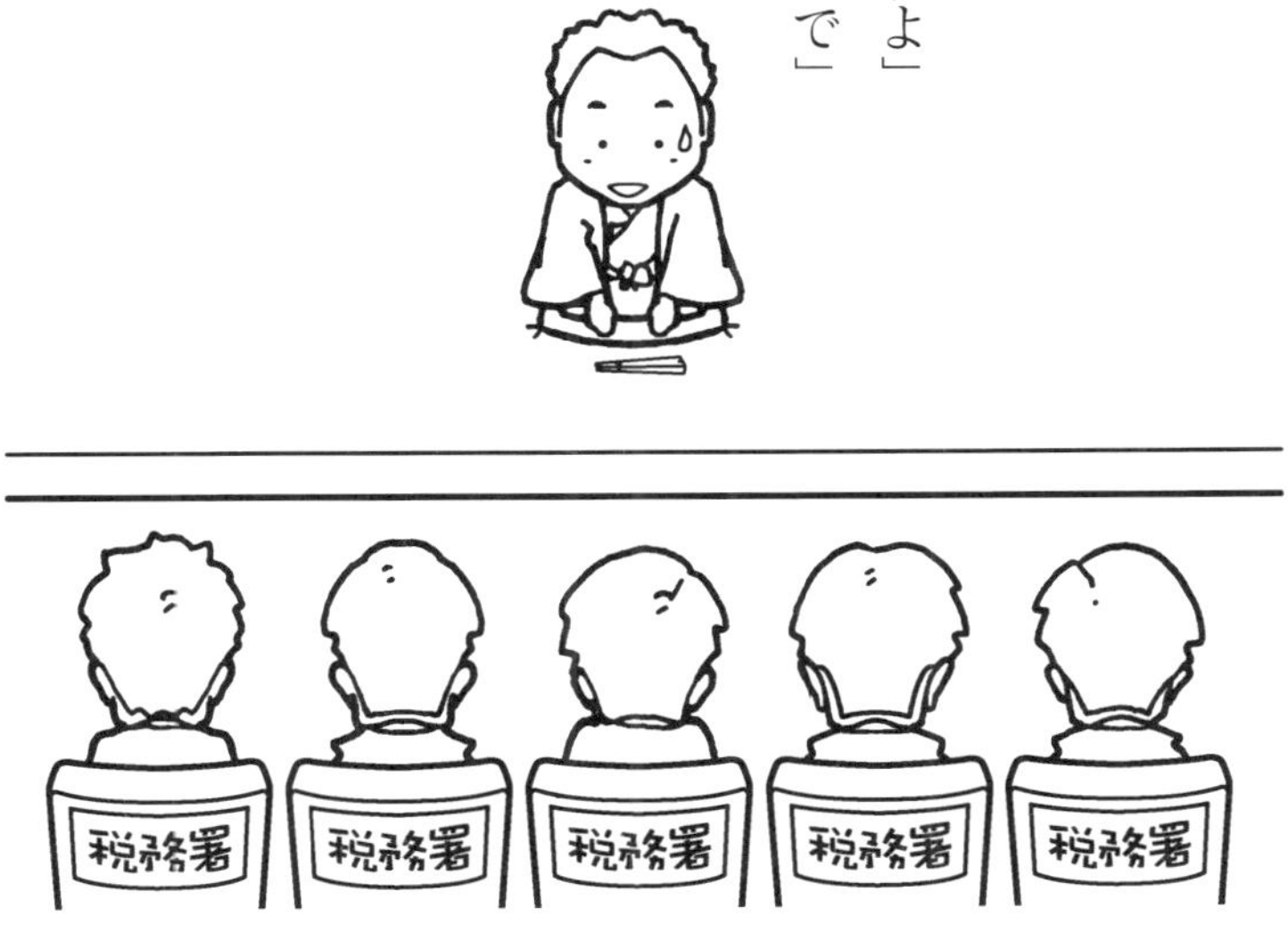

クイックレスポンス

滅茶苦茶な命令をする大臣。今日も役人に無茶な命令が下りました。

「今すぐ資料を作成して、持ってこい！」

無口な役人、言われた通り、すぐ対応。さっと辞表を提出しました。

国籍不明

相撲は、外国人力士が大活躍。

サッカー、プロ野球も、スター選手は外国人。

大企業もいずれ、社長は外国人。

政治家も日本国籍の二世が首相に。

「アイアム、ソーリ」なんて言ったりして。

我が家の憲法

第一条決定権
夫婦の意見が一致した時は、夫に決定権がある。
夫婦の意見が不一致の時は、妻に決定権がある。

安心、安全なお金

「人からお金を借りたら返さなければいけません。

返さなければ犯罪になり、捕まります。

でも大きなお金で、たくさん借りても返さなくても
大丈夫なお金があります」

「先生、それはなんですか？」

「それは安心、安全元本保証の国債です」

何か言いたいこと

財前教授の総回診が始まります
先生！大変です！
何か言いたいことはありますか？
いかんなぁ
麻酔だ！麻酔をドンドン持ってこい！
良い病院を教えてください

4

ラフな人たち

財布と心は反比例

ゲーテは言いました。

「財布が軽ければ、心は重い」

妻は言いました。

「財布が重いと、心は軽い」

子供が言いました。

「お小遣い軽い、
財布は十円と百円玉だけで重い」

タダ乗り

タクシー乗り場で
「飛行場まで、おいくらぐらいですか?」

「トランクにどうぞ、荷物はタダです」

「助かった!

それでは、荷物だけお願いします」

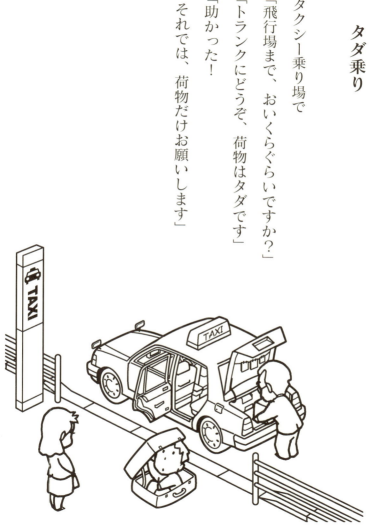

ドクターストップ

「どうしたんです、ため息なんてついて」

「医者から、ゴルフはやめたほうがいいと言われたよ」

「どうしてですか。健康に良いのに」

「ゴルフ場で言われたんだ」

偽ニュース

泥棒にタンス預金を盗まれた。
被害は５００万円と届けた。
「そんなに盗まれたのか？」
「本当は３００万円だけど、
ニュースを聞いて、
犯人と奥さんは
喧嘩するだろうな……」

商売人の子

商売人の子どもは、勉強が苦手。
「良い点を取ったら、お小遣い１０００円やるよ。頑張れ！」
子どもは早速、職員室に飛び込んで
「先生、５００円儲かる話しに乗りませんか？」

聞こえない

「報酬は10万円です」

「ハ？　よく聞こえませんが」

「10万円です」

「そうですか8万円ですか、分かりました」

「……やれやれ。いつもこの手でやられてしまう。だからいつも10万円と言っているのです」

「え？　今なにか言いましたか？」

お呼び出し

昼下がりのデパートで、呼び出しアナウンスが流れました。

「お呼び出しを申し上げます。バーゲンセール会場に入られたお客さま、お子さまが待ちくたびれています。至急、受付までお戻りください」

待っていた子どもは1人。駆けつけたお母さんは5人。

「あらやだ、うちの子はどこへ行ったのかしら?」

その手があったか

60才の息子が離婚をすると言い出しました。85才の父が説得します。

「いい年をして、別れてどうする気なんだ?」

「女房に財産を半分分けてやって、残った半分の財産で、いい女を見つけて人生やり直す」

「そうかその手があったか、悪くないな!」

この子にして、この親あり。

損得勘定

交際費も食費も全部会社の経費で落とす、どケチな人が宝くじを10枚買ったところ、1枚が大当たり！

「大儲けしましたね」

「大儲け？　大損ですよ。９枚は全部外れ。経費にもならず、無駄になってしまった」

信用調査

オチメ商事の社長は、最近取り引きを急拡大した
ノボリ社の業績を心配して、
ノボリ社の信用調査を依頼しました。その結果、

「ノボリ社は、心配ありません」

「それはよかった」

「ただ……」

「なんだね？」

「ノボリ社が最近取り引きを拡大している、オチメ商事は要注意です」

上には上が

大泥棒が脱税で逮捕。金庫に大金が隠されていましたが、
口が固く、最後まで
いつ、どこで、誰から、いくら盗んだのかを明かさなかったため、
刑事事件の盗みは立証できず、結局、脱税・無申告で有罪に。
「本税・加算税・延滞税で現金は没収だ！」
これを聞いた大泥棒、感心したように
「泥棒のピンハネとは、上には上がいるもんだ！」

贈与してくれ

お子さまへ毎年贈与してください

やった〜！
私には贈与されないのですか？
奥さまには特に贈与は必要ないかと思いますが…
私にも贈与してくれないかぁ
ではそういうことで

5

そんなつもりじゃ

社長の次

奥さま
社長が急死
なさったいま

順番から
考えて
次は私が…
そうですわね…
すぐに
予約を入れて
おきますわ
葬儀屋
さんに…
あなたも
お身体を
大切に
なさって
くださいね

出番です

経理のハナコさんはおしゃべりで、仕事中、
一人勝手に、延々と話し続けます。相手をする同僚は、
仕事が手につかず困っていました。
この話を聞いた、社長と税理士は大喜び。
「明日の税務調査ではハナコさんに立ち合ってもらおう！」

気が利く人

とても気が利く、良妻賢母の奥さま。
ある日ご主人が倒れて、緊急手術を受けました。
「奥さま、ご安心ください。ご主人の手術は成功しました。
間もなく意識は回復します」
さぞや奥さまも喜ぶかと思いきや、慌てた様子で
「あら、大変！　家の整理も、遺産分割も終わってしまいました」

見られる

税理士と未亡人が相続税の調査の予行演習をしています。

税理士「税務署は、金庫や書庫、タンスのなかは勿論、
　　　とにかく全部見せてくれと言ってきます」

未亡人「友人が税務署に身ぐるみはがされたと言っていました」

税理士「きちんと申告していれば大丈夫ですよ」

未亡人「私もう78歳でして、
　　　とても恥ずかしいです……」

勘違いする人

相続税対策で婿養子となった男性。
図々しい義母が毎日のように押しかけてきて、息が詰まってしまい、
離婚と離籍を決意しました。別れ際、募る恨みに、
つい強い言葉が出てしまいました。
「あなたのことは一生忘れませんからね！」
すると義母は、恥ずかしそうな顔をして
「そんなことを言われても困りますわ……」

泣いてすがって

離婚の申し出を受けて妻は「信じられません！」と泣いてすがりました。
裁判所で話し合いが持たれます。
すると、裁判で〝財産の4分の3は妻に〟と裁定され、
今度は夫が「信じられません！」と泣いてすがってきました。
裁判官から「どうしますか？　寄りをもどしますか？」と聞かれた夫、
「今さら、そんな重刑に課すのですか！　血も涙もない人だ！」

名義預金

相続税の調査です。

調査官「お子様名義の預金は、お子様は、出し入れしていない、知らないと言っています。ですから、名義預金と認定し、ご主人の預金としますす。いいですね」

奥さま「ええ。では、亡くなった主人の預金は、全部私の預金ということですね」

調査官「いや、そんなことは」

奥さま「だって、主人の預金はここ何十年間も私が全部使っていて、主人は一切出し入れしていないし、存在を知りませんでした。だから名義預金です。つまり、全部私の預金ということですよね」

と、にっこり。

贅肉貯金

新婚当初の見る影もなく太ってしまった妻を奮起させるため、
減量に成功したら指輪を買う約束をしたご主人。
「妻は毎日ダイエットに励み、
見事にプロポーションを取り戻してくれましたよ」
「それでは今も？」
「いいえ。贅肉が指輪に変わるんだから蓄えておかなきゃと、
毎日よく食べ、よく寝ています」

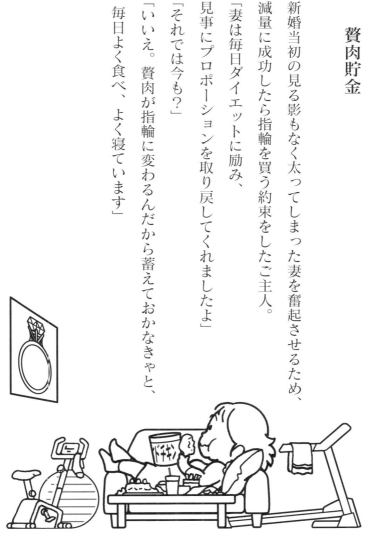

人気アカウント

今の時代、どんな組織もSNSによるアピールが大切です。

税務署にもSNS担当が配属されました。

「これからは親しまれる税務署をアピールしていかないとな。

どんどんフォロワーを増やすように」

しばらくするとフォロワーが増え、大人気のアカウントになりました。

「よくやった。どんなことを呟いているんだ?」

「はい。これまでに使われた脱税の手口です」

消費税還元還暦セール

還暦を迎えた仲間同士で記念温泉旅行に来た一行。
消費税還元特別企画があると聞いて、
全員楽しみにしていました。
座が盛り上がってきたところで、女将が
「おひとりさまにひとりずつ芸者衆をお呼びしています！」
皆、大喜び！
「皆さまと同級生の方々です。消費済みですので、
消費税は非課税とさせていただいております。ハイ！」

6

女性は強し

笑顔の裏側

長い間、義父母を看病、看取った優しい奥さま。

「なかなかできることではありませんよ」

「そんなことはありません」

「今はご主人を看ているとか」

奥さまは、ニコニコと笑いながら
「ええ。もう少しの辛抱です」

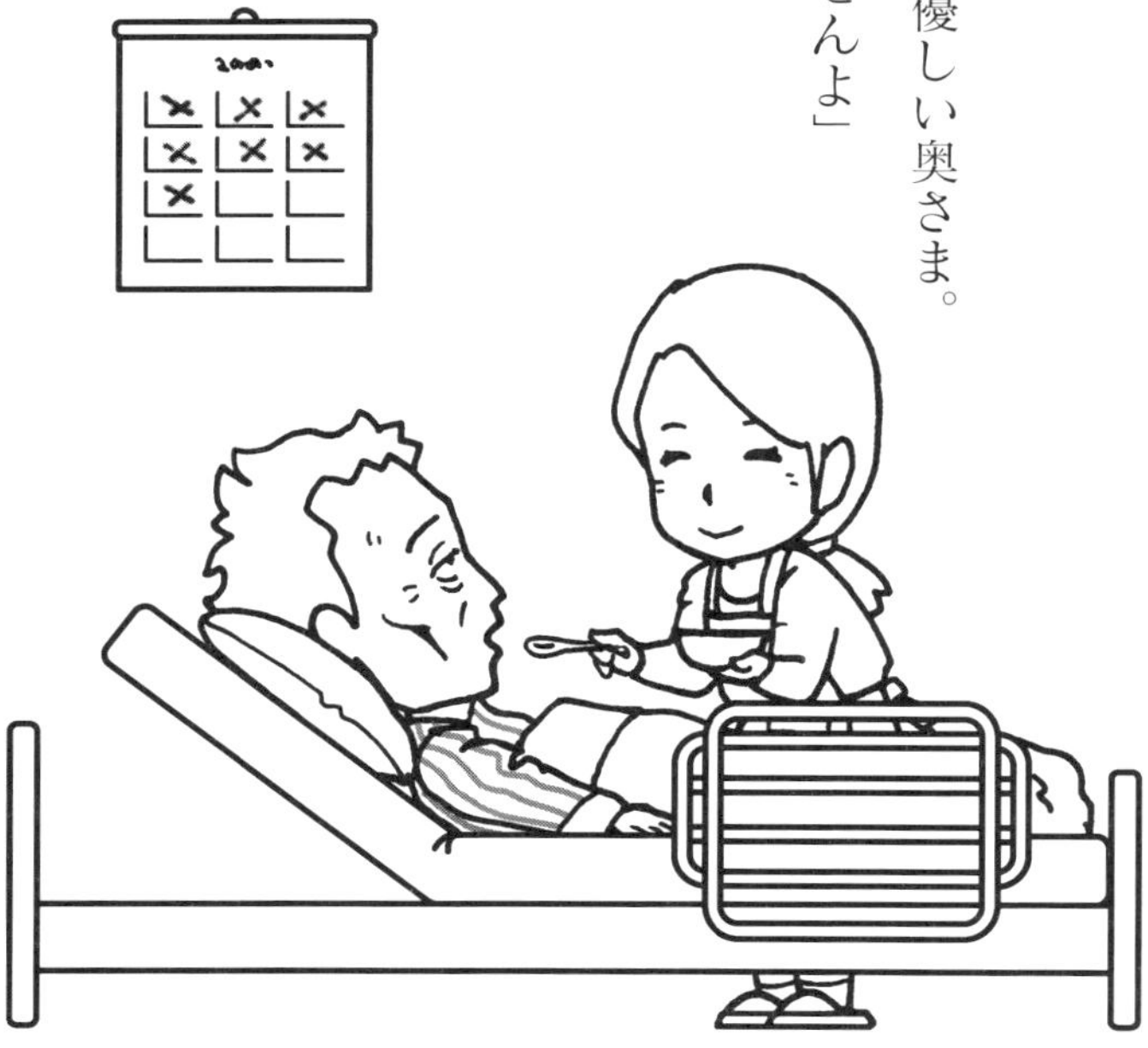

うわさの的

うわさ話好きの奥さまが集まるパーティー。
お友だちは全員出席。
なのに、なぜか話題がなくて、
盛り上がらない。
先に帰る人も、いない。

発想の転換

泥沼の離婚劇を味わった奥さま。
きっと心労でやつれているかと思いきや、満面の笑みでお出迎え。
「慰謝料なら、財産の2分の1以上でも税金はゼロ。
老後の世話からも解放されるし、相続を待つより断然いいじゃない！
これから若くていい男を見つけるのが楽しみだわ！」

心配症

75歳の奥さま。娘と一緒にデパート行くと、店員から
「姉妹かと思いました！」

洋服を試着すると
「50代にしか見えません！」

年金を受け取りに行く日、急に心配になりました。

地味な服に着替えて、化粧を落として、

「これで年相応に見えるかしら……」

ドキドキしています。

なりすまし

とある大金持ちの未亡人のお屋敷には、金融、不動産などのセールスマンがひっきりなしに押しかけてきます。なかには〝なりすまし〟詐欺を目論む輩も。

〝ピンポーン〟老婆が扉を開けます。

「あ、お手伝いさん。奥さまはいらっしゃいますか？

実は私、亡くなったご主人の会社のものです。

資金繰りがうまくいっていなくて……」

「奥様は、いません」

「そうですか……いないんじゃ仕方がない」

肩すかしを食って帰る悪党を見送りながら、老婆がニヤリ

「お手伝いさんになりすますのも、面白いわね！」

娘の縁談

母1人娘1人の親子。母は、三十路を過ぎた娘の婚期を心配しています。

そこに、見合い話が持ち込まれました。でも、写真とキャリアを見て、
娘はパス。

なのに母は、外出の準備を始めます。

「お母さん、なにしてるのよ。私、会うつもりないわよ?」

「あなたじゃないわよ。私がご挨拶に伺いたいの」

「え?」

男性の父は、75才独身、そして大資産家でした。

年金暮らし

孫が、おばあちゃんに聞きました。

「おばあちゃんは、なにで暮らしているの？」

「亡くなったおじいちゃんの年金よ」

「ふーん」

翌日、学校から孫が持ち帰ってきた「しょうらいのゆめ」という作文には
「わたしは、おばあちゃんの子どもになって、おばあちゃんの年金でくらしたいです」

と書かれていました。

見ないで、開けないで

ご主人が亡くなり、相続税の調査が入るとの知らせ。
家捜しをされると聞かされ、ビックリ仰天の奥さま。
「家のなかを隅々まで見られるなんて恥ずかしいわ」
税理士が安心させようと、
「奥さま、下着の入ったタンスまでは開けませんから、
大丈夫ですよ」
それを聞いた奥さま、
早速、下着をたくさん買い込みました。

はめられた、ダイヤモンド

相続で大金を手にした男。夜の街に繰り出し、女の前で自慢話。
おねだりされて、ダイヤを買わされた。
翌日お店に行くと、女は消えていた。
女が指にはめたのか、男がはめられたのか。

男の顔は領収書

見積もりが高ければお断りするのはビジネスの常識。
妙齢のタカネ女史が知り合った男性は、背は高く、一流企業、高収入。
食事は高級レストラン、タクシーを止める身のこなしもスマートでした。
ところがタカネ女史、この男性からの交際の申し出をお断り。
「彼は毎回、支払いの時、必ず領収書をしっかりと受け取るんですもの。
私たちの関係はまだ見積書。請求書が出る前でよかったわ」

民法も忍法もない

4人兄弟の長男が、長い間、一人で母親の介護をしていました。
日々の暮らしに使ったので、母親が亡くなったときには、
3000万円の預金が1000万円になっていました。
きょうだいが集まり、相続の話に。法律に詳しい次女が言い出しました。
「お金はどうなったの？　民法によると……」
すると長女が大声で一言
「我が家には、民法も忍法もないわよ。
残ったお金は全部お兄さんのものよ」
見事な大岡裁きで、これにて、一件落着！

メモが大事

日頃から、メモが大事だと、部下にも妻にも口すっぱく言う夫。
ある日夫婦は大げんか。口もききません。
夫は、翌日大切な会議があったので、
妻に〝朝6時に起こすように〟とメモを残して就寝。
翌朝、起きたら朝7時。「女房の奴、わざと起こさなかったな!」
枕元を見ると、〝6時です、起きてください〟とメモがあり、
妻はすでに出かけていました。

話半分

長年夫婦をしていると、腹の立つこともあるでしょう。
夫婦円満の秘訣は？
奥さま「私が財産を半分相続しても、相続税はゼロ。
離婚して、財産を半分分与されても、税金はゼロでしょう？
いつでも半分もらえると考えれば、円満に過ごせます」
なるほど。あとは？
「主人との会話も、話半分に聞き流すことかしら」

待ちぼうけ

父は10年前から、息子に
「あと3年経ったら社長を辞め、お前に譲る」
と言い続け、妻には、20年前から
「死んだらお前に、、財産全部を譲る」
と言い続けて、先日80歳で亡くなりました。
「ずいぶん待ちぼうけさせられたわね。これから楽しませてもらうから、
あなたはしばらくあちらの世界で待ちぼうけしていらっしゃい」

入籍

今の状況
急死
可憐な私
この場合お義父さまの相続って…
奥さまがお義父さまの籍に入れば相続できます
わかりました!
私お義父さまと再婚します!!
養子縁組ですよお義父さまの子になるだけです
あらやだそうなの?

7

恐妻年金はおいくら

これからが肝心

資産家の奥さまは、４人の子供を産みました。

相続税対策もばっちり。

「子供は、これくらいでいいでしょう。

先日、主人に避妊手術をしてもらいました」

「大丈夫？　ご主人、安心して遊ばない？」

「主人は大丈夫よ。注意しなくちゃいけないのは私の方」

慌てず、正直に

こちらが
亡くなられた
ご主人の生命保険
受け取りの
書類です
奥さま
落ち着いて
真実を
記入して
ください
はい
あの…
死亡原因の欄に
奥さまのお名前が
記入されていますが…
いけな～い
正直に
書きすぎたわ

聞く耳持たず

税務相談に行くと、ほとんど聞いてくれない。
税務調査に来ると、しつこく聞いてくる。
……誰かに似ているな？
聞いてほしいときは、聞く耳持たず、
聞いてほしくないときは、根ほり葉ほり聞いてくる……
あ、女房のことだ！

ふたつの役員会

調査官「奥さまの出社は月1回の役員会だけですね。発言は？」

社　長「妻は発言はしません」

調査官「それなら、奥さまの給料は高すぎます」

社　長「そんなことはないでしょう。
我が家では毎晩役員会が開かれますが、
発言するのは妻ばかり。
私には発言権がないんですよ」

ママが一番

6歳の娘がお小遣いを500円もらいました。

「ねえ、パパはいくらお小遣いをもらっているの？」

「月5万円だな」

「そんなにたくさん?!　ママは？」

「ママは50万円くらい使っているよ。」

「すごい！大きくなったらママみたいに偉い人になろう！」

そして娘は兄に、

「お兄ちゃん、勉強していい会社入って社長になっても、
ママより偉くはなれないよ！」

あながち否定できない父は複雑な表情……。

女房の調査

税務調査の結果、使い込みがばれた社長さん。

「ずいぶん税金を払ったのでは？」

「ええまあ、税金はなんとか払えたのですが……」

「ほかになにか問題が？」

「税務署よりも厳しい女房の調査がありました」

家では社長交代、終身刑になったそうです。

重加算税

悪質脱税で捕まった男。懲役3年の刑に服して、
ようやく釈放の日。一度は逃げ出した妻が、
やり直したいと迎えにきました。
「よかったじゃないか。
奥さんとやり直しなさい」
「勘弁してください。
せっかく釈放されたのに、
今度は終身刑が課されるのですか？」

始末に困る人物

志のある人たちが集まった。

その席で、あるひとりの男を皆で盛り立てようということに。

「西郷隆盛曰く、命も名も、官位も、金もいらぬ、そんな人物は始末に困る。

そんな人物でなければ、この国難を乗り越えられない、と。

あなたは、その人物とお見受けした」

「いや私はその器ではない。もう一人、〝始末に困る〟者がいます」

「誰ですか？」

「なんでも欲しがる女房です。」

確かに、始末には困るけれど……。

遺言書は書いたけれど　その1

老齢の夫婦。仲が悪いわけではないけれど、ご主人はいつも細かい奥様に閉口させられっぱなし。

「ほら、おまえの言うとおりに遺言書を書いたぞ。細かいところまで文句を言うからこんなに分厚くなってしまった。これで満足か？」

「ええ。でも、これで相続の心配はなくなったでしょう？」

「それはそうだが。しかし結婚して40年、細かすぎるお前を相手にしてきて疲れたよ」

「何をおっしゃいます。それは違いますよ」

「違うことがあるか」

「だから違いますって。私たち、結婚して41年目！　40年じゃありません」

おカネさま

「女房のおかげで我が家には財産が残りました」

「良かったですね。それで、あなたの元には、
どのくらい残りましたか？」

「私には何も残りませんでした」

「なぜですか？」

「女房のオカネですから！」

8

続・税は続くよどこまでも

役に立つ税金の話

「役に立つ税金の話」の勉強会と懇親会（有料）、商工会で募集したところ、申し込みは少人数。

すると突然講師が体調不良でキャンセル。

講師料の予算が余り、会長が機転をきかせて勉強会は中止、懇親会（無料）のみとした。

翌日から申し込みが殺到した。

上司の命令

検察はついに悪質、大口脱税の犯人を逮捕した！
手足を押さえろ！
全部はかせろ！
なにやってる！
お前はクビだ！
クビ…ですか？
ですから首を…
バカ!!
お前はクビだ!!!

コーヒーブレイク

税務署の調査中。

「コーヒーブレイクにしましょうか?」

調査官「私はミルクなし。ブラック(黒)です!」

納税者「私はミルク入りのコーヒーなし(白)です!」

税理士「私は、ミルクと砂糖を入れて、甘くして下さい」

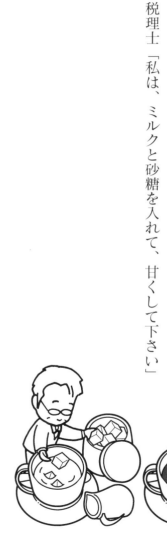

水に流して

税務調査が、熱を帯びてきた。
「コーヒーを入れましょう」
調査官「ブラック」
納税者「アメリカン」
税理士「水」
税理士がコップを倒して、水に流してしまいました。

原価率

税務署の調査官が社長に聞きました。

調査官「下着メーカーとお聞きしましたが、製品は？」

社　長「カタログとグラビア写真を見てください」

調査官「女性の下着とビギニの水着だけですか？」

社　長「はい、専門メーカーですからね」

調査官「生地はほとんど使っていませんね。

原価率5％以下に見えますが、原価50％は変ですね？」

社　長「さすが調査官！　目のつけどころが違います。

でも変なのはあなたの目ですよ」

税金泥棒

母親が、税務署に勤める独身の子供を起こしました。
「早く起きなさい。遅刻しますよ！」
「いやだ、会社に行きたくない！
だってみんなが僕のこと税金泥棒と言っているんだ」
「そんなことない。泥棒は他の役所よ。
あなたは税金を稼ぐお父さん、
お友だちはみんな税金を使うお母さんなのよ」

外国人税理士

相続人にハーフが増えてきた。ハーフ税理士も増えてきた。

日本語、自国語を自由に操ります。

そして税務調査が込み入ってくると自国語を駆使して説明。

「Do・You・Know?」

「ドウ　ユウ　ノー?」

医療費控除の確認

「動物病院の領収書では、医療費控除はできませんよ」

税務署から言われても、一歩も引き下がらない男性。

「女房に噛まれたんです！他の病院では治療は無理でした！」

「そう言われましても……」

「わかりました。それでは今から、狂犬病の女房を、
実感、体感してもらいます」

医療費控除は認められました。

最後の税金

「個人で所得税、会社で法人税、お金を使って消費税、
亡くなれば相続税を支払うのか……

税金に縛られる人生なんてまっぴらごめんだ。

貯めた金は死ぬとき一緒に墓場に埋めてしまえ！」

するとそこに、税金に詳しい死神が現れました。

「ちょっとお待ちください」

「なんだ。もう私は死ぬんだから、好きにさせてくれ！」

「もしも相続税を申告した後に悪事が見つかると、
最も重い税金がかかるんですよ。

残されたご家族のことを思うと、

考え直した方が……」
「どんな税金がかかるっていうんだ？」
「ハイ、脱税したお金が墓から見つかった
間抜けな男、という〝有名税〟です」

遺言書は書いたけれど　その2

税理士のもとを訪れた男性
「先生、遺言書を書くと長生きすると聞いたけれど、本当ですか？」

「精神的に安定するからでしょうね」

「なるほど。では、すぐ書くことにします。資産はほとんど寄付して、子どもたちには必要最低限しか残しません」

「なぜですか？」

「だって先生、子どもたちは薄情で」

「そうは見えませんが」

「酒、たばこ、肉類を控えてください。

異性関係もダメです、なんて言うんですよ」

「いいご家族じゃないですか。あなたに長生きしてほしいんですよ」

「とんでもない！　酒と料理と女性が私の生きがいだと知っているのに、それをやめろだなんて、早く死ねと言っているようなものです！」

9

人生笑劇場

無免許運転

80歳になった高齢者ドライバー。
免許証を返納しました。
その日の夜、深酒して駐車場のクルマに頭を激突。
病院へ運ばれ、一命は取りとめたドライバー氏、
目が覚めてひとこと
「救急車でよかった。
霊柩車でなくて」

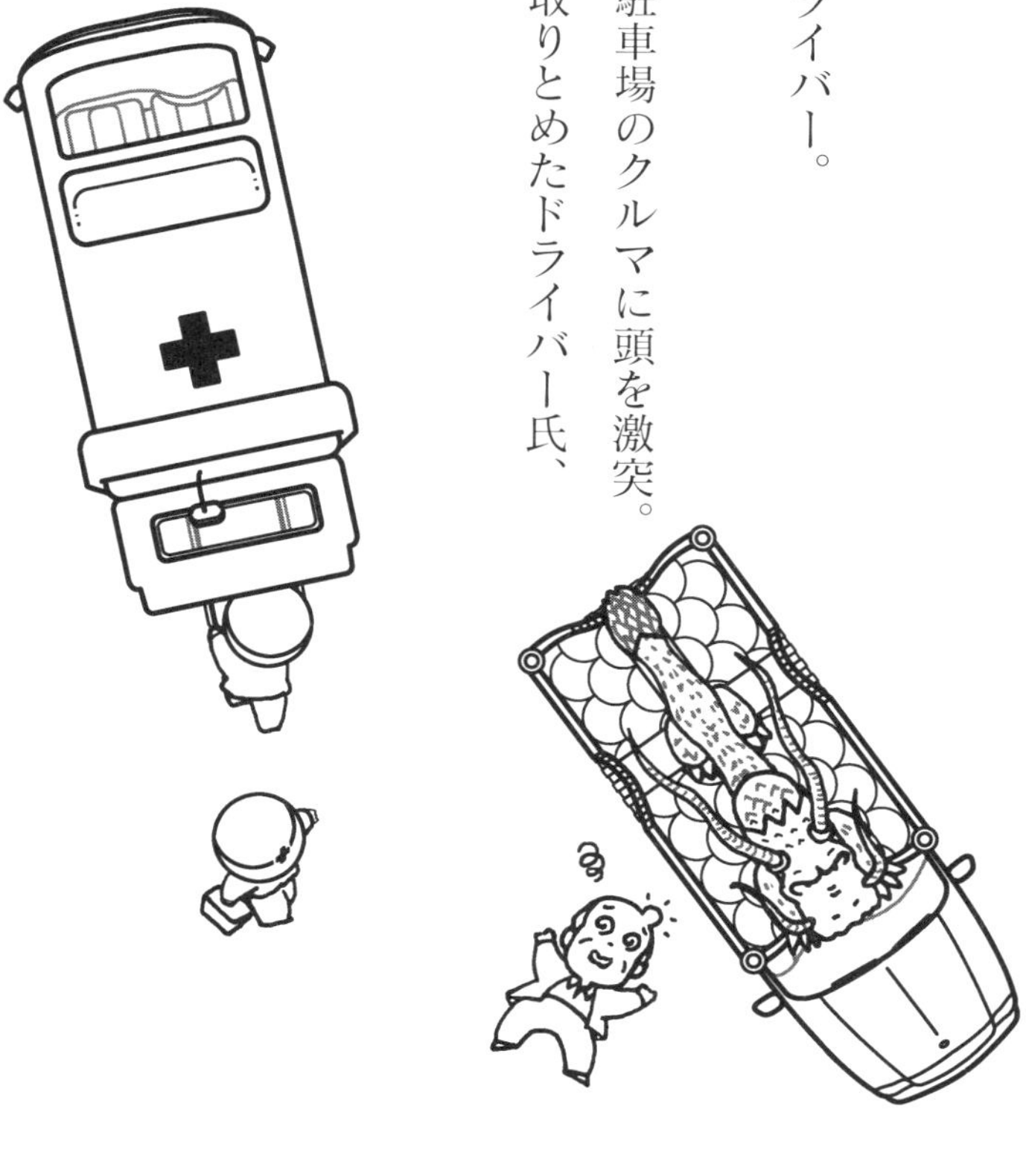

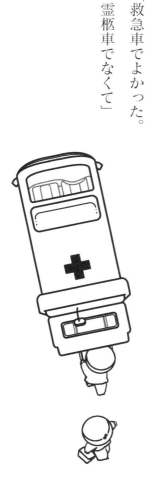

どっちでもいい

松坂牛と近江牛を選択できる、高級料理店。

ふたりは両方を注文した。

「あれ、どっちが松坂牛でどっちが近江牛だ？」

「お客さん、味が分からないんですか？」

「まあ、どっちでもいいじゃないですか」

お爺さんは詐欺

奥さまを亡くして、淋しい一人暮らしのお爺さん。
電話が鳴ると喜んで出ます。
オレオレ詐欺に引っかかるかも？
いや心配ご無用。
耳が悪いおじいさん、電話に出るや否や、一方的に自分の昔話と、自慢話。
相手の話は一切聞かず、話し終るとガチャンと切ってしまいます。
オレオレ詐欺の一味も「これじゃまるで電話代詐欺だ！」と嘆いています。

人それぞれ

「父は毎日お酒を浴びるほど、たばこも切らすことはありませんでした。

いわば酒税とたばこ税の多額納税者です。

私は父の二の舞にはなりません」

「節制しているのですね?」

「ハイ、毎日1時間は我慢しています。それはもう、地獄の苦しみです!」

働き方改革　その1

残業で、深夜帰宅のハタラキ氏。
なのに妻は「定時」で就寝中。
翌日も、早朝出勤のハタラキ氏。
妻は「勤務時間前」よろしくまだ夢の中。
働き方改革は、妻には不要です。

働き方改革　その2

役所が先頭切って、残業ゼロをスタート。

労働時間は短縮されました。

役人「実は、寝不足なんです」

「労働時間が減ったのに?」

役人「昼寝ができなくなってしまったので……」

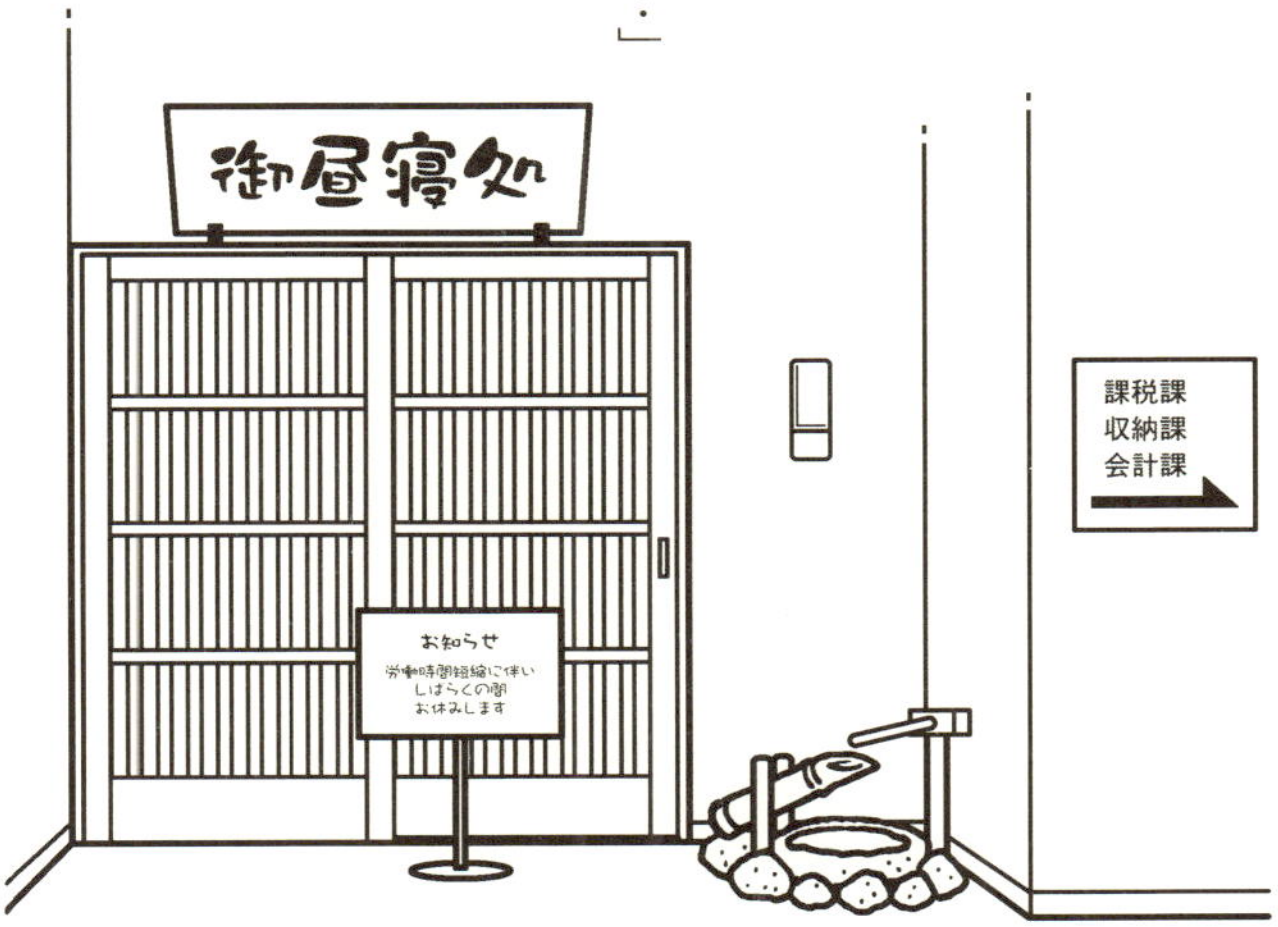

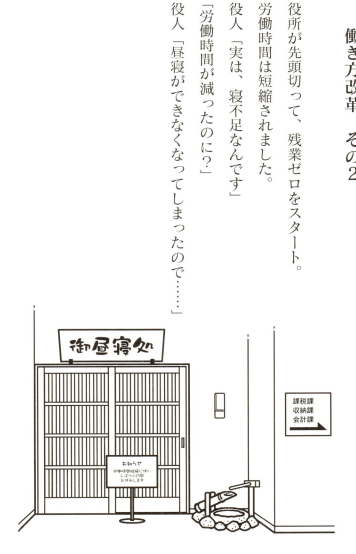

老人ホームの会話

「年のせいかな、最近は眠りが浅くて」

「私も、夜が明ける前に目が覚めてしまうんだ」

「大丈夫、もうすぐ嫌というほど眠れるさ。墓の下でね！」

直結するマンション

駅直結のマンションは、人気が高いもの。

ショッピングセンター、病院、税務署も目の前にあるから、
高齢者にはピッタリです。

「あの裏手に建設中の建物はなんですか？」

「メモリアルホールです」

退職したら
アメリカ人は
キャンピングカーで
旅行
中国人は
酒を飲みながら
麻雀
紹興酒
フランス人は
ワインを片手に
恋を語る
日本人は
ペンを片手に
履歴書書き
行ってらっしゃ〜い
あ、また間違えた
出かけるから
留守番よろしくね〜
やってしまいました
バンカーです

明日は我が身

気分よく銀座で飲んだ社長。
タクシーに乗っての道すがら、
「私も昔、タクシーの運転手をしていたものだ。
そこから一念発起したから今の私がある。君も頑張りたまえ」
「勇気が出るお話、ありがとうございます。
私も先月まで社長をやっていたのですが、
会社が倒産してしまいまして……」

お金の有効活用

3億円を貯め込んだ90歳のおばあさん。
税金と老後の生活を心配していました。
そのうち、自分がいくらお金を持っているのかさえ分からなくなり、
100歳で亡くなりました。
そのとき、預金の残高は、ほんのわずかでした。
子供、孫、ひ孫、家族20人で有効に活用していたのです。
相続税より消費税を納税していました。

生きてるだけで丸儲け

強権的だった昭和の父も、80歳を超えて気力が衰え、
息子に弱音を吐くように。
「俺もこの先もう長くはないだろう。お前には苦労をかけたな」
「なに言ってるんだ、父さん。長生きしてもらわなきゃ困るよ」
それを見ていた妻が
「あなた、見直したわ。これまであなたをさんざん虐げてきたお義父さんを許してあげるなんて」
「親父には頑張ってもらわなきゃ。だって親父が生きている限り、年金という名の不労所得が入ってくるんだからな」

10

我が家の相続税物語

花咲か爺さん

おじいさんがブツブツと計算しています。
「毎年110万円の贈与は、非課税か。
毎年120万円だと税金1万円、手取り119万円。
警察署や消防署、それに税務署かい。
この年になって、お上のお手を煩わして、申し訳ないな」
それを見ていたお婆さん、
「馬鹿なことを言ってないで、さっさと、贈与しておあげなさい！」

今ならお得

80才のご主人、75才の奥様。

2年後に相続税が2割アップする　大変だ！

「何とかしてしてください！」

「そんなこと言われても、
2年以内か……間に合えばいいがな」

残った残った

禁煙、禁酒。賭け事、女性は御法度の人生。
莫大な財産が残りました。
そして臨終前に一言
「そんなものより、悔いが、残った！」

出来不出来（子の心、親知らず）

事業家のＡさん、できの悪い息子の心配をしています。

「息子のできが悪くて困ったよ。

私がいなくなった後、この会社を任せてもいいものかどうか」

そこに息子が現れてひとこと。

「何言ってるんだい。不出来なのはオヤジの方だよ！」

「なんだと？　お前というやつは。

ろくに仕事もできないくせに子どもばかりたくさんつくりおって」

「そこだよ父さん。オレは子どもが10人、税金対策はバッチリ。

父さんときたら、子どもはオレ一人だけなのに、まだ跡継ぎも決められないじゃないか」

税務調査に備えて

初めての税務調査に備えるお宅にて。
税理士が対応をレクチャーしています。
「いいですか、相続税の調査では、調査官が家の金庫を開けます。
ここまでは大丈夫ですね？」
「はい、大丈夫です。我が家は
警備会社と契約していますから、
いざという時には
ガードマンが駆けつけて、
取り押さえてくれます。
安心です！」

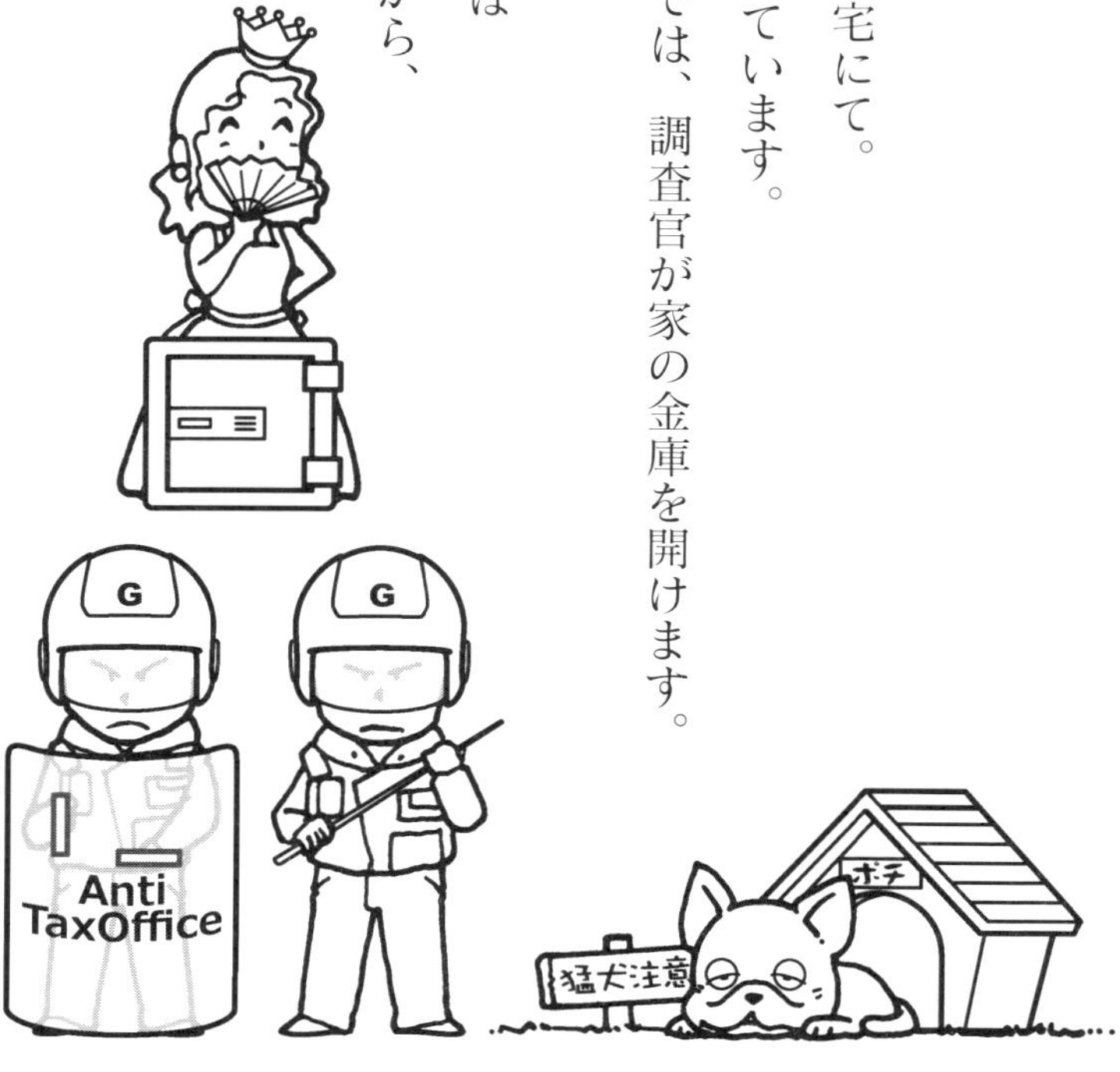

父の子

「あなたの家族関係を教えてください」

「最初の妻との間に2人、次の妻との間に3人、今の妻との間に2人の子がいます」

「それは複雑で大変ですね」

「いえ、私は一人っ子です」

「ご両親の相続の相談ですか。ところで、あなたは本当に一人っ子ですか？」

「ええ、私には兄弟はいません。一人っ子ですが……」

「お母さまは？」

「もちろん、一人ですよ。父は3度目の結婚ですが」

なるほど！

行きは良いけど、帰りは………

相続税の調査に母と息子が立ち会った。

「息子は口ベタなので、お話は私がお聞きします」

「色々と怪しいところがありますね」

「そうそう、帰りは息子がお送りします。

息子は口ベタですが、空手三段、ボクシングをやっています」

「はい、特に問題ないでしょう」

もう一人の相続人

税務署に相続税の相談に行きました。

「相続人は奥様と長男と長女と3人ですか?

今回は奥様の税金はゼロでお子様2人は合計2000万円払ってください」

「えっ!　もう一人相続人がいましたか!」

「誰ですか、もう一人って…」

「2000万円も持っていく調査官、あなたですよ!」

初体験

「突然、主人が亡くなって、
初めてのことで心配です」
税理士「ご安心を。私も相続税の申告は
初めてですから」

書いてある、書いてない

相続税対策の提案書を見せられた。

「どう思う？」

「分からない」

「何故？」

書いてあることは、事実です。

「書いてないことが、見えない、分からない」

誰もやっていない

「遺言書、土地活用、事業承継、相続税対策。

皆さん、やっていますよ！」

「誰もやっていないと言っていましたが？」

「え？　誰がそんなことを言っているのですか？」

提案する人で、やった人はいないのです。

男が活かされた道

資産家の息子ダメオ君が、憧れの夢子さんと結婚し子供もできた。
いい旦那様になろうと一生懸命働いたが、
夢子さんが使う以上には稼げなかった。
結局、離婚させられた。
夢子さんは、母として子どもは「確保」しました。

女の生きる道

ヒネタ教授による〝夫の所得税〟〝妻の消費税〟〝子の相続税〟
日本の「酷税3税」の講義。
「夫の稼ぎ高－妻の消費高＝子の相続財産。各段階で課税されます」
それを聞いた女子大生の夢子さん、
「要するに、いい旦那を見つけて、
親にはお金を使わせないようにするってことね！」

遺留分の請求権

「全財産を、愛する妻に相続させる」

母1人子1人の親子に、父の遺言書が残されていました。

不肖の子は、母に遺留分の減殺請求を起こしました。

母は心の中でつぶやきます。

「子どもには、父への相続権はあります。

でも遺留分の請求権は、本当はありません」

「なぜでしょう?」

「母の秘密です」

節税戦略

相続税対策として借入金で不動産に投資をする、会社を設立して…
他に方法はないのですか？
月の石
火星の石
そうですね…
思い切って財産を使い果たしてしまうと税金の心配はなくなります
それがいいそれは楽しい！
私も喜んでお手伝いします
報酬は無料で構いません

あとがき

平成30年は“災い”の年といわれました。

新しい元号の年は“笑い”でスタートしたいものです。


読んでいただいた方はお分かりになると思いますが、これまでのわたしの本とはかなり毛色が違う本になりました。

ダジャレあり、お色気あり、風刺もありのてんこ盛り。

こんな悪乗りに仲間が乗ってくれました。

ライター・お笑い芸人である城田晃久さん、「ドイツ産ジョーク集888」を訳編した田中紀久子さん、
そして明るく楽しいイラストを描いてくれた工藤六助さん、皆さんのご協力によって本はできました。


深く感謝いたします。

2019年　2月28日

本郷 尚

著者紹介

本郷　尚（ほんごう　たかし）

税理士
昭和 22 年　横浜市生まれ
昭和 48 年　税理士登録
昭和 50 年　本郷会計事務所開業、現在株式会社タクトコンサルティング会長。著書に「守りから攻めへの相続対策実務Ｑ＆Ａ」（共著、ぎょうせい刊）、「中小企業のための会社分割の実務と手続き一切」（共著、日本実業出版社刊）など多数。最新作は「資産税コンサル、一生道半ば　タクトコンサルティグの 40 年」（清文社）

税理士法人タクトコンサルティング

〒 100-6216　東京都千代田区丸の内 2-1-1 明治安田生命ビル 17F
TEL　03-5208-5400（代）　FAX　03-5208-5490
URL=http://www.tactnet.com　　E-mail　info@tactnet.com

【業務内容】

資産活用、組替え、相続対策、事業承継対策、物納、企業の合併･分割など、個人･法人の資産全般に関する相談及び実行業務を中心として、出版事業や情報提供にも力を入れている。

笑《わら》う税金《ぜいきん》　過笑申告《かしょうしんこく》は不要《ふよう》

発行日　2019年2月28日　初版第1刷

著　者

本郷 尚

発　行

株式会社タクトコンサルティング
東京都千代田区丸の内2-1-1 明治安田生命ビル 17 F　〒100-0005
電話 03-5208-5400　FAX 03-5208-5490
URL：https://www.tactnet.com/

発　売

株式会社 言視舎
東京都千代田区富士見 2-2-2　〒102-0071
電話 03-3234-5997　FAX 03-3234-5957
URL：https://www.s-pn.jp/

イラスト　工藤六助
制　作　㈲クリエイト・ジェイ
印刷・製本　上毛印刷㈱

ISBN978-4-86565-142-3　C0033